©Devsisters Corp.

- 1판 1쇄 발행 | 2016년 6월 10일
- 1판 2쇄 발행 | 2024년 7월 20일
- 글 | 조주희
- 그림 | 이태영
- 감수 | 김장미
- 발행인 | 심정섭
- 편집인 | 안예남
- 편집장 | 최영미
- 편집 | 이은정, 이희진, 박수정, 박주현, 박지선
- 디자인 | 이명헌, 박수진, 최한나
- 출판영업 | 홍성현, 김호현
- 제작 | 이수행, 정수호
- 출력 | 덕일인쇄사
- 인쇄 | 서울교육
- 발행처 | 서울문화사
- 등록일 | 1988. 2. 16
- 등록번호 | 제2-484
- 주소 | 04376 서울특별시 용산구 새창로 221-19
- 전화 | 02)791-0754(판매) 02)799-9171(편집)
- 팩스 | 02)749-4079(판매) 02)799-9334(편집)

ISBN 978-89-263-8784-9
978-89-263-9810-4 (세트)

달리는 쿠키들의 한자 대모험
쿠키런
한자런

©Devsisters Corp.

서울문화사

감수의 글

'한자'는 국어, 수학, 영어와 같이 여러분이 꼭 배워야 할 과목입니다. 왜일까요?
세종대왕이 한글을 만들기 이전, 우리 조상들은 한자를 사용하여 편지를 쓰고,
시도 쓰고 자신의 생각을 적는 등 실생활에 필요한 모든 내용들을 기록했습니다.
한마디로, 의사소통의 수단이 한자였던 것이지요.

자랑스러운 한글이 만들어져 글을 읽고 쓰기가 편해졌지만,
우리말의 70% 이상은 여전히 한자어로 이루어져 있습니다.
"영희와 나는 운동을 했습니다."라는 문장에서 '운동'은 한자어입니다.
'옮길 운(運)'과 '움직일 동(動)'으로 이뤄진 단어로, '움직이다'라는 뜻이죠.
"소중한 친구에게 편지를 쓰다."라는 문장에서 '소중(所重)'과 '친구(親舊)',
'편지(便紙)'도 모두 한자어입니다.
따라서 한자를 알면 말이나 문장을 더 쉽게 이해하고 글을 잘 쓸 수 있습니다.
"차를 사다."라고 했을 때, 마시는 차(茶, 차 차)일 수도 있고 이동수단인
차(車, 수레 차)일 수도 있습니다. 한자를 알아야 무엇을 가리키는지 명확해집니다.
이렇듯 한자는 의사소통을 쉽게 해 주고, 다른 공부에도 많은 도움을 줍니다.

〈쿠키런 한자런〉은 꼭 알아야 하는 한자를 쉽고 재미있게 배울 수 있는
책입니다. '천 리 길도 한 걸음부터'라는 속담처럼, 이 책을 통해 여러분이 한자에
흥미를 가졌으면 합니다. 무슨 공부든 흥미나 재미가 없으면 성취하기 어렵습니다.
책을 재미있게 읽는 동안 한자 실력이 쑥쑥 성장하기를 기대합니다.

김장미(봉담중 한문교사)

머리말

한자, 달리기, 놀이동산이 금지된 쿠키나라를
한자로 구하는 초등 쿠키들의 신나는 모험담!

우리가 하는 말 중에는 '쿠키런'처럼 외국말이 섞여 있기도 하고,
'이슬비'처럼 순우리말도 있고, '전력질주'처럼 한자로 된 말도 있어요.
이 중에서 한자는 우리가 쓰는 말의 상당한 부분을 차지하고 있지요.

그렇기 때문에 차근차근 한자를 익히면
처음 접하는 단어의 뜻도 쉽게 알 수 있고,
한자 실력과 함께 이해력과 사고력도 쑥쑥 자란답니다.

〈쿠키런 한자런〉에서 재미있는 이야기를 읽다 보면
여러분도 어느새 한자와 친해지게 될 거예요.
마녀가 금지시킨 한자의 비밀을 알게 된 꼬마 쿠키들이 쿠키나라를
구하기 위해 모험을 떠나는 이야기가 멋지게 펼쳐지거든요.

쿠키 주인공들과 함께 신나는 모험을 펼치며
재미와 감동이 있는 순간,
잊을 수 없는 한자들과 만나 보세요!

나와 함께 출발~!

등장인물 소개

용감한 쿠키

쿠키나라를 구하기 위해 모험을 하고 있다. 특기는 빨리 달리기, 취미는 독한 방귀 뀌기다.

명랑한 쿠키

펫 알과 쿠키런 경기장에 대해 아는 게 많은 똑똑한 쿠키. 눈치가 빠르고 위기의 순간에 잘 대처한다.

탐험가맛 쿠키

모험을 좋아하는 쿠키. 여러 유적지를 탐험하며 유물을 모은다.

용사맛 쿠키

전설의 쿠키 중 한 명으로, 푸른 용과 싸워 이겨 용의 꼬리 펫을 얻었다.

공주맛 쿠키

부모를 일찍 여의고 어린 나이에 쿠키왕국을 다스리는 공주로, 화려한 마법을 좋아한다.

불꽃정령 쿠키

쿠키왕국을 구한 전설의 쿠키였으나 지금은 굴뚝 마녀의 하수인이 되었다. 달빛술사 쿠키를 짝사랑하고 있다.

쿠키앤 크림 쿠키

용감한 쿠키의 할머니. 과거 쿠키나라를 구한 전설의 쿠키 중 하나.

마법사맛 쿠키
전설의 쿠키 중 하나로, 쿠키런 경기장의 위치가 표시된 마법사전을 들고 다닌다.

대추맛 쿠키
따뜻한 대추차가 식기 전에 모든 일을 해결 하려고 하며, 대나무숲 최고의 무술 고수가 되길 원한다.

시나몬맛 쿠키
큰 무대에서 공연하는 것을 꿈꾸는 마술사. 하지만 지금은 공주맛 쿠키한테 마술을 마법이라고 속이고 있다.

보더맛 쿠키
보드를 언제나 타고 다니는 장난꾸러기 쿠키.

블랙 베리맛 쿠키
탐험가맛 쿠키를 따라 다니며 그에게 도움을 주거나 그가 유물을 훔치는 것을 막는다.

복숭아맛 쿠키
대나무숲의 무술 고수로, 대추맛 쿠키를 쫓고 있다.

마카롱맛 쿠키
북을 치고 다니며 시나몬맛 쿠키를 따라 마술 공연을 돕는다.

닌자맛 쿠키
조용히 숨어 있거나 벽을 타고 빠르게 움직일 줄 아는 쿠키.

웨어 울프맛 쿠키
바위산에 홀로 사는 미남 쿠키. 화가 나면 늑대로 변한다.

이 책의 특징

1

맥락으로 기억한다!

이 책은 이야기의 맥락과
강하게 연결된 한자 만화로,
흥미진진한 내용을
따라가다 보면
자연스럽게 한자를
익힐 수 있습니다.

2

시각으로 기억한다!

만화 속에서
중요한 장면마다
큰 이미지의 한자가
인상 깊게 등장하여
눈으로 한자를
먼저 기억하게 됩니다.

③ 기초부터 학습한다!

획이 많고 어려운 뜻의
상급 한자보다는
초등학생이 접하기 쉬운
초급 한자부터
차근차근 배웁니다.

④ 반복해서 기억한다!

만화에서 한자가
여러 번 등장하여
반복 학습이 가능하고,
권말 집중 탐구로
확실히 정리합니다.

7권 한자 집중 탐구

4급 脫	부수 月 육달 월
벗을 탈, 기뻐할 태	• 脫出 (탈출) 어떤 상황이나 구속 따위에서 빠져나옴. • 逃脫 (도탈) 빗나가고 벗어남.

3급 獄	부수 犭 큰 개 견, 개사슴록변
옥 옥	• 脫獄 (탈옥) 죄수가 감옥을 빠져 도망함. • 監獄 (감옥) 형벌의 집행에 관한 사무를 맡은 관아.

6급 始	부수 女 여자 녀
	• 始作 (시작) ① 처음으로 함. ② 하기를 비롯함.

5급 罪	부수 ⺲ 그물 망, 그물망머리
	• 罪悚 (죄송) 죄스럽고 송구스러움.

차례

지난 줄거리 용감한 쿠키와 친구들은 슈크림맛 쿠키의 도움으로 버려진 마법도시의 지하 감옥을 무사히 탈출하고, 달빛술사 쿠키를 설득하던 과정에서 쿠키 문명의 멸망과 탄생에 대한 놀라운 비밀을 알게 된다. 무사히 쿠키나라로 돌아온 용감한 쿠키와 친구들은, 달빛술사 쿠키의 지원을 받아 붉은 용을 무찌를 수 있는 단서와 펫 알을 얻는다. 그런데 갑자기 찾아온 군사들로부터 쿠키왕국 공주님의 이상한 초대를 받게 되는데….

〈쿠키런 한자런〉 7권에 등장하는 한자

脱	獄	原	始
벗을 탈 , 기뻐할 태	옥 옥	언덕, 근원 원	비로소 시

林	罪	囚	迷
수풀 림	허물 죄	가둘 수	길 잃어 헤맬 미

路	陷	穽	強
길 로	빠질 함	함정 정	강할 강

高	手	孤	軍
높을 고	손 수	외로울 고	군사 군

奮	鬪	武	器
떨칠 분	싸울 투	호반 무	그릇 기

쿠키왕국의
영웅들
등장이오!

脱

벗을 탈,
기뻐할 태

하아암
내가 쿠키왕국의 공주니라~!

가짜 마법사 등장!

獄

옥 옥

이얍!

31장

가짜 마법사와 죄수들

罪

허물 죄

囚

가둘 수

나는 죄수가 아니라고!

변기론 탈옥 불가!!

쿠키왕국의 공주님께서 우릴 찾으시다니~.

우린 쿠키왕국의 멸망을 막을 영웅들이니깐.

호호

하하

어떤 상을 주시려나?

파티를 열어 주실지도 몰라.

음….

잠깐!

존 이상하지 않아?

우리들을 왜 죄수 *수송차에 태운 거지?

부우웅

*수송차 : 사람이나 물건 따위를 실어 나르는 차.

마치 체포된 것 같잖아.

듣고 보니 그러네.

뭘 타든 쿠키궁전에 도착하기만 하면 되지!

뿌웅

으―악 냄새!

부아앙

그야, 쿠키궁전을 탐험할 수 있는 좋은 기회잖아.

그곳엔 대대로 내려오는 왕국의 유물들이 많을 거야.

설마….

호호호…

도련님, 도둑질은 안 됩니다.

콰악

어쩌면 쿠키 문명이 멸망한 원인을 알아낼 수 있을지도 몰라.

반짝

반짝

말은 그렇지만 생각하고 있는 게 빤히 보인다.

도…도둑질이라니, 난 그저 유물을 연구하려는 것뿐이야.

예선에는 쿠키나라를 왕이 다스렸대. 지금은 *입헌군주제가 됐지만.

돌아가신 왕과 왕비님은 훌륭하신 분들이라 들었어.

공주님도 분명 아름답고 훌륭한 분일 거야.

*입헌군주제 : 군주가 헌법에서 정한 제한된 권력을 가지고 다스리는 정치 체제.

짠—, 쿠키 영웅들 등장이오!

우ㄹㄹ

스윽

안녕하세요. 우리가 바로 쿠키원정대…

용감한 쿠키, 분위기가 이상한데?

저 쿠키들을 잡아라!

화악

어딜!

화악

뿡

어림없다!

털썩

블랙베리맛 쿠키, 괜찮아?

으으...

다들 조용!! 공주맛 쿠키 님께서 나오신다.

척

척

척

빰빠라밤

저분이
공주님?

하아암

따분해라~.

너희가 예언에 나온
그 쿠키들이구나?

맞습니다!

쿠키왕국을
멸망시킨다는….

아닙니다!

무섭게 생겼을 줄 알았는데 그냥 평범한 어린 쿠키들이잖아.

아름답게 생긴 공주님인 줄 알았는데 그냥 어린 쿠키잖아.

뿡

우린 쿠키 문명의 멸망을 막을 쿠키들이에요. 왜 그 반대로 알고 계신 거죠?

털썩

위대한 마법사가 하늘의 예언을 전해 주었다.

너희들이 쿠키왕국을 멸망시킬 거라고!

맞아, 상을 내리신다고 했으면서…!

너희가 속은 거지.

쿠쿠쿠

그 마법사가
누구죠?

발끈

둥
둥
둥

갑자기
웬 북소리?

마법사님께서
나오십니다.

마카롱맛
쿠키?

둥
둥

펑

쉬이이이

뭐, 뭐야?

짠

안녕하십니까! 전 시나몬맛 쿠키입니다.

척

촤아아아아

콜록!

우—아!

콜록, 시나몬 가루가 엄청 날려!

연기 속에서 짠– 나타나다니 역시 시나몬맛 쿠키의 마법은 대단해.

짝

짝 짝

후두둑

하핫

마법은 무슨…

연기가 피어오를 때 발아래 비밀통로로 올라온 거잖아.

영차!

*마술 : 재빠른 손놀림이나 여러 가지 장치, 속임수 따위를 써서 불가사의한 일을 하여 보임. 또는 그런 술법이나 구경거리.

간단한 *마술이야!

저 녀석은 마법사가 아니라 마술사다!

둥 둥 둥

어떻게 알았지?

무슨 소리! 시나몬맛 쿠키는 모자에서 맛있는 과자가 튀어나오는 마법도 부릴 수 있단 말이야.

공주님, 여기요!

허니칩

팟

와아

역시 시나몬맛 쿠키는 위대한 마법사야!

그건 모자 밑에 감춰진 비밀 주머니에서 과자를 꺼낸 거잖아요.

나도 할 수 있어!

저 쿠키들이 내 마수… 아니, 내 마법을 *모욕했어!

카악

*모욕하다 : 깔보고 욕되게 하다.

천벌을 내리겠다!

둥 둥 둥

잠깐, 그럴 필요 없어. 저 쿠키들은 내가 지하 감옥에 가둘 것이다.

지하 감옥?

싫어! 또다시 지하 감옥이라니!

공주맛 쿠키 님!

제 애길 들어 주세요.

으으으...

공주맛 쿠키 님은 속고 계십니다.

우리가 쿠키왕국을 멸망시키다니 말도 안 됩니다!

오히려 우리는 쿠키 문명을 멸망시키려는 굴뚝 마녀와 맞서 싸우는 쿠키들…

뿡

난 이 나라의 공주다!

쿠키왕국에 해를 끼치는 쿠키는 내가 직접 막을 것이다!

냄새!

뿡

나는 시나몬맛 쿠키 마법사의 예언을 믿는다.

꾸벅

그러니 너희 모두 지하 감옥행이야!

안 돼ㅡ!

난 이만 물러가겠다.

저도 이만.

역시 시나몬맛 쿠키의 마법은 대단…

스스스

거기엔 왜 끼어 있어?

헉!

자, 장난입니다!

그래?

역시 마법사가 아니라 마술사야!

스스스스

블랙베리맛 쿠키,
정신 차려!

우리 괜히
따라왔나?

용감한 쿠키, 여기선
절대 방귀 뀌지 마!

으으…

난 탈출할래!

후읍!

그래, 닌자맛 쿠키라면 가능할지도….

팍

팍

팍

팍

팍

팍

척

휴~, 사방이 막혔네. 너흰 탈출 못 해.

그건 너도 마찬가지잖아!

카악

잠깐!

내 감으론 여기가 비밀통로야!

척—

이 지하 감옥은 궁전으로 연결되는 수많은 비밀통로가 있다고 들었어.

역시 탐험가맛 쿠키!

스윽

너 혼자 가—!

블랙베리맛 쿠키, 도와줘!

캬악

으아아~

캬악

홱

시나몬맛 쿠키는 왜 공주님께 그런 거짓말을 한 거지?

그를 만나서 이유를 들어 봐야겠어.

쪼르르

누구야?!

다들 따뜻한 대추차 한잔 하시게.

언제부터 거기 있었지?

자네들이 들어오기 전부터 있었네.

난 대추맛 쿠키라네. 자네들처럼 지하 감옥에 갇혔지.

후룩

굉장히 오랜 시간 갇혀 있었나 봐.

하지만!

탁

난 이 찻잔이 식기 전에 감옥을 나갈 걸세.

따끈

설마, 탈옥(脫獄)?

몸을 나타내는 月('肉, 살 육'의 변형부수)와

벗어져 떨어지다의 뜻인 兌(바꿀 태)가 합쳐져

'벗다'의 뜻으로 쓰이는 벗을 탈(脫)!

개(犭, 개사슴록변)와 개(犬, 개 견) 두 마리가 짖어(言, 말씀 언) 대니

왈왈   왈왈왈

군게 문을 닫고 나오지 못하게 가두어 두는 곳이라는 뜻의

옥 옥(獄)!

척

탈옥(脫獄)은 죄수가 옥(獄)을 탈출(脫出)해서 도망치는 것을 말해.

왈왈

왈왈

대추맛 쿠키의 긴 수염과 머리를 봐.

오랜 시간 몰래 땅굴을 파 둔 게 틀림없어.

대추맛 쿠키 어르신, 저희도 함께 데려가 주십시오.

찻잔이 시기 전에 탈옥(脫獄)하시죠!

척

척

대추맛 쿠키!

캉

캉

이제 나오세요. 다신 술에 취해 밖에서 주무시면 안 됩니다.

하룻밤 재워 줘서 고맙네.

스윽

뭐?

하룻밤만 이곳에 머물렀던 거야?

텅

파닥

파닥

속았다!

잘 있게. 우린 원시림(原始林)에서 또 만나게 될 걸세.

안녕.

잠깐만요.

휙

원시림(原始林)이 뭐죠?

휘청

근원 원(原)!

언덕(厂, 언덕 한)과 샘(泉, 샘 천)이 합쳐진 글자로 벼랑 밑에서 솟기 시작한 샘이란 뜻에서 근원을 나타내지.

언덕

原

졸졸졸

그것도 몰라?

콰악

깜짝이야!

비로소 시(始)!

어사 뱃속에 아이가 생기는 일을 나타내는 말로 '처음'을 뜻하고

여자 여 아이 밸 태

나무 목(木)을 둘 겹쳐 나무가 많은 수풀을 뜻하는 수풀 림(林)!

따라서 원시림(原始林)은 쿠키들이 찾아오지 않는 '자연 그대로의 숲'을 말한다고!

버럭

참고로 쿠키궁전의 북쪽에 있다네.

흠흠…

무슨 소리야?

스윽

으이구~, 멍청이들아!

응?

반짝

스윽

이게 뭐지?
대추맛 쿠키가
떨어뜨린 것
같은데….

탐험가맛 쿠키
알겠어?

그건
유물 조각이야!

척

유물 조각 4개를 모으면
크리스탈이 들어 있는 유물 상자를
열 수 있는 열쇠가 돼.

?

붉은 용의
불에 맞설 수
있는 크리스탈
말이야?

화르르

아까 대추맛 쿠키가
원시림(原始林)에서
보자고 했지?

거기에 분명 나머지
유물 조각이 있을 거야.

그럼 대추맛 쿠키는
우릴 감옥에서
기다린 걸까?

아니면
유물 조각은
단지 우연?

우선 지하 감옥부터
나가야 할 것 같은데.

스윽

모르겠어.

이럴 때 웨어울프맛
쿠키가 있다면
얼마나 좋을까?

명랑한 쿠키,
널 구하려 왔어.

정말?!
고마워.

화악

하지만 웨어울프맛
쿠키는 날 명랑한
좀비로 기억하고
있겠지?

크아아

철컹

으아앙

설마…
웨어울프맛 쿠키?

척

명랑한 쿠키,
울지 마.

날 구하러 온 거야?

아니, 이 녀석도 죄수(罪囚)다!

허물 죄(罪)

그릇된(非, 그를 비) 일을 하여 법망(罒, 그물망머리)에 걸려 들었다는 뜻이지.

울타리 안에 갇혀 있는 사람의 모습을 본뜬

가둘 수(囚)!

이 죄수(罪囚)는 쿠키궁전의 담벼락에 오줌을 누다 잡혔다.

쾅

헐, 정말?!

설마 웨어울프맛 쿠키가 나에게 고백을…?

두근
두근

미로에서 빨리 벗어나고 싶어!

迷

길 잃어 헤맬 미

路

길 로

외로워. 곁에 누군가 있었으면….

이용하기 쉽겠어!

32장

불꽃정령쿠키의 음모

原 始 林

근원 원   비로소 시   수풀 림

냠냠~, 일단 먹고 보자!

네가
그런 짓을…?!
창피하다.

공중도덕이
엉망인 녀석인 줄
몰랐네.

멍멍멍!

깜짝이야!

담벼락에
오줌을 눈 것은
멍뭉이야.

너흴 감옥에서
구하기 위해 일부러
그런 거지.

일부러?

그래. 이 지하 감옥에는
늑대 쿠키의
슬픈 역사가 있어
오고 싶지 않았지만….

오래전 쿠키왕국은 늑대 쿠키들을 앞세워 많은 전쟁을 벌였지.

캬오

퍽 퍽

캬오

그러나가 필요 없어지자 우리를 지하 감옥에 가뒀어.

ㅇㅇ

ㅇㅇㅇ...

여기서 많은 늑대 쿠키들이 쓸쓸히 숨을 거뒀지.

아우우우

우우우우

크아아

아우우우우우

불쌍해….

글썽

웨어울프맛 쿠키, 내가 위로해 줄…

그럼 우리도 똑같은 신세가 되는 거야?

버럭

웨어울프맛 쿠키와 포옹할 좋은 기회였는데…, 저것이!

싫어!

파닥

파닥

저 쿠키가 거대 늑대로 변한다는 전설 속의 웨어울프맛 쿠키구나.

늑대 쿠키들은 *멸종한 줄 알았는데.

*멸종 : 생물의 한 종류가 아주 없어짐. 또는 생물의 한 종류를 아주 없애 버림.

그래! 네가 변해서 문을 부수면 되겠다!

우릴 당장 꺼내 줘!

안 돼. 감옥 밖은 경비가 철저해서 나가면 바로 잡힐 거야.

그럼 왜 온 거야?

멍멍멍!

확

하지만 늑대 쿠키들이 파 놓은 비밀통로는 알고 있지.

비밀통로?

휙

역시 여기가 맞지?

빠직

장난해?! 늑대 쿠키들을 무시하지 마!

크으으...

늑대 쿠키들이 그런 더러운 곳을 이용했을 거 같아?

화났다!

크아아아

몰래 굴을 팠다고.

바로 여기에!

쿠오오

쩍

쩌억

콰아아아

휘이이이

비밀통로다ー!

여긴 쿠키왕국의 비밀복도로 이어져 있어.

그곳은 왕가의 보물이 숨겨져 있기 때문에 아무나 들어갈 수 없는 곳이야.

보물!

두근

두근

비밀복도?

그런데 웨어울프맛 쿠키, 우리를 돕는 이유가 뭐야?

쿠키들이 네 종족을 그렇게 괴롭혔는데 말이야.

그건…

늑대 쿠키도 쿠키니까. 나 또한 쿠키 세상이 멸망하길 바라지 않아.

척

그리고 너희는 나의 유일한 친구들이니까….

쑥스…

와아~ 우리보고 친구래!

감동~

웨어울프맛 쿠키,
감동이야!

깍~

다다다

바로 지금이
포옹할 기회!

쑤 욱

명랑한 쿠키!

쿵

나, 난 괜찮아.

명랑한 쿠키,
비밀통로에 앞장서다니
과연 용감해.

우리도 어서
명랑한 쿠키를
따라 들어가자!

휙

그냥 실수로
빠진 거 같은데….

가자!

스윽

막 끓인
대추차로군.

앗 뜨거워!

화ㄹㄹ

화ㄹㄹㄹ

앗 뜨거워!

뜨겁다는 걸 또 깜빡했어.

내 말 듣고 있나?

감옥

네, 쿠키들은 이제 막 비밀통로에 들어섰습니다.

크크크

비밀통로의 미로에서 영영 길을 헤맬 수도 있고

비밀복도를 찾아 운 좋게 나갈 수도 있겠지요.

만약 탈출(脫出)하면 쿠키궁전의 돌다리에 도착할 것입니다.

그리고 돌다리를 건너는 순간

원시림(原始林) 경기장에서 쿠키런 경기가 시작되겠지요.

휘이이이

그곳은 무시무시한
정글의 동물들과

캬오!

크아아

무서운 파인애플
부족이 살고 있어

무사히
살아 돌아오긴
힘들 겁니다.

크크크

좋아.

그들이 지쳐 있을 때
펫 알을 빼앗고

파악

유물 상자까지
덤으로 얻기만
하면 됩니다.

화악

058 쿠키런

완벽해!

제가 나섰는데 당연하죠.

그런데 웨어울프맛 쿠키의 등장은 예상 밖입니다만.

뭐라고?

그 녀석이 왜!

거대 늑대로 변하면 무서운데….

뱀파이어 성에서도 쿠키 꼬맹이들을 도와줬었지.

늑대 쿠키들은 이런 일에 전혀 관심 없는 줄 알았는데, 일부러 쿠키들을 도와주러 감옥에 들어왔다지 뭡니까.

그래도 웨어울프맛 쿠키가 아니었더라면 그 녀석들은 비밀통로를 발견하지 못했을 겁니다.

비밀통로 입구에 유물 조각 하나를 떨어뜨려 뒀는데도 알아차리지 못하더군요.

툭

유물 조각이다!

그 아래가 비밀통로다, 눈치 없는 녀석들아!

아무튼 쿠키 꼬맹이들을 실수 없이 처리하도록!

평범한 꼬맹이들이라 식은 죽 먹기입니다.

핫하하

방심 마. 바로 그 녀석들에게 우리가 세 번이나 당했다고.

비웃은 건가?

아닙니다.
대추차가
목에 걸려서….

기분 나쁜 녀석!

화ㄹㄹ

물론입니다.
열심히 마술을 부려
공주맛 쿠키의 혼을
쏙 빼놓고 있습니다.

촤ㄹㄹㄹ

둥
둥
깍

그나저나
시나몬맛 쿠키는
연기 잘하고 있나?

아!
그 마술사
말입니까?

시나몬맛 쿠키
마법사 멋져!

잠깐, 하늘의
*계시가 왔습니다.

당장 그들을
잡아오너라!

알겠습니다!

우르르

*계시 : 사람의 지혜로 알 수 없는 진리를 신이 가르쳐 알게 함.

쿠키왕국을
멸망시킬 쿠키들이

지금 탐험가맛
쿠키의 집에
있습니다.

크하하하

멍청한 공주맛
쿠키 같으니!

시나몬맛 쿠키도
자기가 이용당하는 줄도
모르고 열심이란 말이야.

하여간 이번 일은 저를 믿고 맡겨 주십시오.

사네를 믿겠네, 대추맛 쿠키!

저와 한 약속을 꼭 지키셔야 합니다.

물론!

이 찻잔이…

탁

팟

아직 말이 안 끝났는데….

이만 안녕!

식기 전에…

휙

또 지겨운 찻잔 이야기!

불꽃정령쿠키 님, 이번에도 역시 *음모를 꾸미고 계셨네요.

쿠오오오

음모라니!

*음모 : 나쁜 목적으로 몰래 흉악한 일을 꾸밈. 또는 그런 꾀.

불의 문명을 일으키기 위한

위대한 일이라고!

아, 맞다.

불꽃정령쿠키 님, 이 녀석에게 타락주사 한 방을 더 놓아야 하는 것 아닌가요?

착한 성격이 자꾸 나오잖아요.

괜찮아.

후후...

악마맛 쿠키는
귀여우니까.

아~잉,
불꽃정령쿠키 님!

첨벙

악마맛 쿠키만
예뻐하시고…

첨벙

미워요!

코코아가 차갑게
식었군.

그야, 당연히
쿠키왕국의
공주니까.

화르르

그런데 왜 공주맛 쿠키를
이번 작전에 끌어들인 거죠?

난 이번 작전에
공들이고 있어.

왕과 왕비가
죽은 지금,

저 철없고 어린
공주맛 쿠키 곁에는
아무도 없거든.

터—엉

이럴 때야말로 가짜 마법사를
내세워 혼을 쏙 빼놓을 수 있는
좋은 기회지.

펑

꺅

둥

둥

공주를 꼭두각시로
만들어 우리 마음대로
조종할 수 있어.

그런데 쿠키궁전에
후계자를 둘러싼
소문이 있던데요?

소문?

공주님이 원래는
쌍둥이라던데….

쉿

조용히 해!

공주는 저 순진한
공주맛 쿠키,
단 하나여야 해.

우리 말을
잘 듣는 공주,
단 한 명이면 된다고.

맛

우르르

그러면 사실이
공주인지도 모르고
살아가고 있는 쿠키가
있단 말인가요?

아~, 불쌍해라.

불쌍하다니,
악마 같지 않은
악마맛 쿠키 녀석!!

화악

아니지,
아~ 고소해라!

역시 악마맛 쿠키는
믿을 수 없어!

그런데 대추맛 쿠키는
믿을 만한가요?
정체가 뭐죠?

대추맛 쿠키는 쿠키왕국의
동쪽 대나무숲에서 제일
강력한 무술 고수였어.

휘이이

하지만 어느 날
도전자가
나타나…

대결이다,
대추맛 쿠키!

파앗

이 찻잔이
식기 전에…

탁

너를 쓰리뜨렸지. 차가 아직 따뜻하군.

그렇게 대추맛 쿠키는 대나무숲에서 내쫓기고 말았지.

그래서요?

짯짠

그래서 난 대추맛 쿠키에게 약속을 했어.

우리 편이 된다면 쿠키왕국이 멸망한 후에 대나무숲은 자네 것이 될 것이다.

휘이이

좋습니다!

하지만 불의 문명에선 대나무숲이 남아 있을 리 없잖아요!

쿠키왕국과 함께 활활 불타겠지.

화르르르

어떻게 되는데?

어떻게 되긴….

세상에!

쿠키들은
다들 너무나
어리석다니까.

크하하하

이루지 못할
약속을 믿다니,

어디로 가야 하지?

미로(迷路) 같아.

쌀알이 흩어진 것처럼 길을 찾을 수 없지.

길 잃어 헤맬 미(迷)!

기억나지?

그리고 저마다 각각(各, 각각 각) 발(足, 발 족)로 걸어 다니는 곳이라는 뜻의

길 로(路)!

한지는 복습이 중요해.

좀비 쿠키들한테 쫓기던 그 미로(迷路)를 어떻게 잊겠어.

그중에 명랑한 좀비가 제일 무서웠지.

쿡쿡쿡

좀비 이야기는 하지 마!

웨어울프맛 쿠키 앞이란 말이야～.

버럭

명랑한 쿠키…

할 말이 있어.

응?

너에게 예쁘게만 보이고 싶은데….

이런 내 마음을 알고나 있을까?

휙

무슨 말?

설마 날
좋아한다고…

두근

두근

길을 잃었어.

뭐?

휘청

정말?

길이 이렇게
미로(迷路) 같을
줄 몰랐어.

너만 믿었는데…!

우리 갇혔어?

으으…

조용~!

감옥 안에
있었으면 밥은
먹을 수 있었을
텐데.

크아

버럭

다들 진정해!

털썩

앗, 차가워!

쩌익

쩌이익

초콜릿이다!

치즈다!

이거라도 얼른 먹자!

후룩

냠냠

참참

어휴...

모두 침착하게 빠져나갈 방법을 찾아보자.

팍

파악

용감한 쿠키,
안 돼! 참아ー!

도망쳐ー!

陷
빠질 함

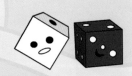

호잇ー

穽
함정 정

33장

공주맛 쿠키, 출생의 비밀

공주님이 두 명?!

저보고
원시림에
가라고요?

그게
정말이야?

좋은 생각이 있어.

럭키다이스로 우리의 운명을 점쳐 볼게.

척

휙

럭키다이스, 우리가 과연 살아 돌아갈 수 있을까?

팟

파앗

버럭

그런 건 물어보지 마!

꼬마유령과 집사유령까지 있으니까 더 무섭잖아!

자, 무덤에 바칠 꽃, 플라워콥터!

헉!

아, 그래!

펫들을 사방으로 보내 길을 찾아보자.

파닥

그만하라고! 우린 안 죽어!

파닥

치즈방울! 초코방울!

휙

휘익

럭키다이스!

휘릭

플라워콥터!

꼬마유령과 집사유령!

화악

배낭이와 털뭉치 멍멍이!

척

멍~

우린 여기시 펫들을 기다리자!

그래.

펫들이 나가는 길을 찾아 주면

우리는 왕국의 비밀복도를 통해 빠져나간 뒤 원시림(原始林)으로 가는 거야.

어렵지 않아~.

거기에 숨겨진 유물 조각을 찾아내고

전혀 안 어려워~.

유물 상자도 찾아 그 안의 크리스탈을 얻자.

하나도 안 어렵네~.

예~

그 크리스탈을
용사맛 쿠키에게
넘기면

용사맛 쿠키는
붉은 용과
싸워 이기고

캬오

굴뚝 마녀는 물러나고
쿠키 나라에 평화가
찾아오는 거지.

와

와아

와

어렵지 않네~♪

쉽네~♪
쉬워~♬

부글

부글

다들 무슨 소리 하는 거야!

화르르르

우린 버려진 마법도시에서도 겨우 탈출했어.

쉽게 풀리는 게 더 수상한 거야.

긴장을 늦춰선 안 돼. 굴뚝 마녀의 하수인(下手人)인 불꽃정령쿠키가 무슨 짓을 꾸밀지 모르니깐.

콰아아아

알았어.

그런데 나 긴장을 늦출 수밖에 없을 거 같아.

무슨 소리야?

엉덩이의 긴장이 풀려. 방귀가 나오려 해.

휙

휘익

뭐?

설마 이런 곳에서?

방귀는 어쩔 수 없다고.

부르르

저 녀석의 엉덩이를 틀어막아!

휙

휙

펫들이
돌아왔다!

뭘 들고
왔는데?

벌레,
돌멩이,

해골!

배낭이!

배낭이 안에
보물이
들어 있어.

주인을 닮아
막 가져왔구나!

나가는 길을
못 찾았나 봐.

우르르

잠깐-! 그렇다는 건 왕가의 비밀복도를 찾았다는 거잖아?!

쉬이익

콜록

콜록

방귀가 우릴 따라잡았어!

크ー윽!

으악

배낭아, 길을 안내해 줘!

휙

휘익

휙

다들 펫을 잡아!

날아가자!

방귀를 피해
날다니!

화아악

용감한 쿠키의 방귀는
좀비 쿠키들에게
쫓기는 것보다
더 무서워!

마법도시의
거인보다 더
무서워!

너무해~!

내 방귀가
어떻다고!

으 아 아 아

푸욱

컥

따라잡혔다!

살려~~!

파바박

내 방귀 때문에 내가 죽겠다!

저기 봐. 통로다!

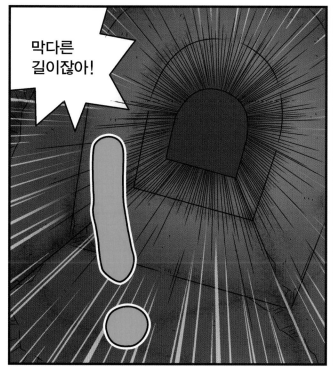

막다른 길이잖아!

부딪히겠어!

으아아

꺄

아야야….

휴~,
살았다.

저 그림이
문이었어!

돌아가신 왕과
왕비님이시네.

쿠키왕국을
훌륭하게
다스렸었지.

지금은 용감한 쿠키의
방귀로부터 우릴 훌륭하게
지켜 주고 계셔.

너무해.

보물이다!

어마어마하네.

반짝

반짝

부자가
될 수 있다!

유물이다!

휘익

손대지
마세요!

휙

아니, 왜~?

블랙베리맛 쿠키 말 좀 들어!

우린 쿠키왕국의 멸망을 막을 예언의 쿠키들이지.

도둑들이 아니잖아!

명랑한 쿠키 말이 맞아.

어머~

난 남의 물건을 훔치는 쿠키가 정말 싫어.

음….

빨리 나가기나 하자!

껍...

응?

기다려!

또 뭘 하려고 그래?

척

버럭

저길 봐.

어디?

여기 아기 쿠키들 말이야.

척

쌍둥이 아기 쿠키네.

귀엽다~

공주님들인가 봐.

푸른색 머리의 아기는…

누구지?

분홍색 머리 아기는 지금의 공주님이고,

숨겨진 또 다른
공주님이 아닐까요?

호음···

?

?

우리 이러고
있을 때가 아냐!

척

병사들이 찾기 전에
원시림(原始林)으로
가야 한다고!

그런데 대추맛 쿠키의
말을 믿을 수 있을까?

휙

우릴 속이려고 유물 조각을 떨어뜨린 것일 수도 있잖아.

슬쩍

우릴 함정(陷穽)에 빠뜨리려고 원시림(原始林)으로 유도하는 게 아닐까?

함정?

언덕(阝, 언덕 부)에서

구덩이(臽, 함정 함)로 떨어진다는 뜻의

준비!

슝~

꺅~

빠질 함(陷)!

구멍(穴, 구멍 혈)과

우물(井, 우물 정)이 합쳐져 이루어진

첨벙

첨벙

함정 정(穽)!

원시림(原始林)은 함정(陷穽)일 수도 있어.

그럴까?

함정(陷穽)이라니 무슨 소리!

후룩

앗!

휘이이

대추맛 쿠키!

무사히 탈출(脫出)해서 이곳까지 왔군.

후루룩

공주맛 쿠키 님!

쿠키들이 탈옥(脫獄)했습니다.

탁
탁
탁

뭐야?

둥 둥 둥

안 돼!

그 쿠키들이 쿠키 세상을 멸망시킬 거야!

쾅 쾅 쾅

시나몬맛 쿠키! 어쩌면 좋아?

당장, 병사들부터 보내시죠.

그렇지!

그 쿠키들을 가둔 곳이 저 방이란 말이지?

우르르

휘이이

구멍이다!

헐

이런 곳에 비밀통로가 있다니!

어서 들어가서 잡아!

저… 그런데…

욱

병사들이 들어가자마자 쓰러져서….

장군님—,

푸학

독一가一스!

커

커억

독가스?

시나몬맛 쿠키, 너라면 마법으로 독가스를 없앨 수 있지?

네?

이런 걸 만들 수 있다니, 역시 위험한 쿠키들이었어!

익!

어~서!

코가 썩는다ー!
살려 주세요!

우웩

그 쿠키들은 대체
어디로 간 거야?

그건 제 마법으로
알 수 있습니다.

그래? 어디야?

쿠키궁전 북쪽에 있는 원시림(原始林)입니다.

원시림?

거긴 무시무시한 곳이야.

쿠키들은 절대 들어가면 안 된다고 들었어.

바로 그 때문에 그쪽으로 도망친 거 같습니다.

어서 병사들을 이끌고 가시지요.

좋아~, 자네가 앞장서게.

뭐라고요?

시나몬맛 쿠키의
마법(魔法)이라면 우리들은
안전(安全)할 거야.

난 그저
마술사일 뿐인데…,

둥둥둥

헐~

어쩌다 일이
이렇게 된
거지?

불꽃정령쿠키가
찾아오면서부터야.

자네의 마술쇼는
잘 봤네.

맞아, 작은 공연장에서
마술쇼를 하고 있는
우리에게…

파

얏

스윽

나는 불꽃정령쿠키.

난 악마맛 쿠키.

코코아 한잔 줄까?

시나몬맛 쿠키, 더 큰 무대에 서고 싶지 않나?

네?

그것도 궁전에서 말이야.

공주맛 쿠키가 마술을 아주 좋아하거든.

아 심심해

다들 자넬 위대한 마법사라고 부를 것이야!

쿠키왕국의 그 공주님이요?

둥둥둥

에이~, 착각하셨네.
마술은 마법이
아니에요.

과학을 이용한
속임수랍니다.

그러니까
마술을 마법이라고
속이란 말이지.

팟

척

공주맛 쿠키를
네 팬 1호로
만들란 말이야!

화르르

공주님을
팬으로?

물론 공짜로
시키는 건 아냐.

돈은 넉넉하게
줄게.

촤르르

마카롱맛 쿠키,
큰 무대에서 마술쇼를
할 수 있대.

그래서 불꽃정령쿠키가 시킨 대로

파앗

크르르르

공주맛 쿠키 님에게 마술을 마법이라고 속였지.

하지만 나 때문에 죄 없는 쿠키들이 감옥(監獄)에 갇히다니…,

철컹

어쩌면 좋아.

아무리 불꽃정령쿠키가 시켰다고 해도 난 거짓말을 한 거야.

이 사실을 공주맛 쿠키 님이 아시면 우릴 지하 감옥에 가두시겠지?

덜덜덜

이젠 원시림(原始林)까지 들어가야 한다니,

무서워!

둥 둥 둥 둥

強

강할 강

대추맛 쿠키
오빠 한번
밀어 봐~!

나 때문에
원시림 경기가
시작됐다고?

으아아아

유물이다~!
유적이다~!

두근

두근

용사맛 쿠키가
어디 있지?

34장

원시림 경기장으로!

오랜만 이야!

高
높을 고

手
손 수

후루룩

후룩

난 대추맛
쿠키,

달콤한
대추차를
늘 마시지.

후루룩
후루룩

후루룩

후룩
후루룩

충분히 대추맛
쿠키인지 알겠으니
그만 마셔요!

주르룩

그…그래.

이 차가 식기 전
병사들이 자네들을
찾으러 올 걸세.

하지만 병사들은
이 돌다리 건너
원시림(源始林)
으로는 가지
못하지.

휘이이

왜죠?

저곳은 위대한
쿠키들만 참가하던
쿠키런 경기장이니까!

쿠키런 경기장?

펫 알이 있는
경기장 말인가요?
그래.

꽉
콰악

일반 병사들은 거기서 버티질 못해.
워낙 위험한 곳이니까.

탁 저리 가!
타탁

하지만 그곳에는 유물 상자가 숨겨져 있다네.

휘이이이

난 그 비밀 장소를 알고 있지.

수상해.
함정(陷穽) 같은데….

함정인지 아닌지는 가 보면 알겠지.

왜 그런 얘기를 우리한테 하는 거죠?

당신을 못 믿겠어요.

나도 유물 상자와 펫 알이 필요하거든.

역시 못 믿겠어!

유물 상자의 크리스탈은 우리가 가져가야 해요!

훅

크리스탈이 아닌 다른 보물이 들어 있을 수 있지.

그게 무엇이든 강(強)한 힘을 주는 보물일 거야.

스윽

강할 강(強)!

깜짝이야!

팡

벌레(虫, 벌레 훼)의
껍질이 굳어지면
(彊, 굳셀 강)

딱 딱
虫弓彊

강(强)해지지!

붕 끄떡
붕
붕

내 목표는
강(强)해지는 것이다!

척

캬악

날
대나무숲에서
쫓아낸
그 녀석을

혼내 줘야 하거든!

그리고 난 다시 대나무숲의 고수(高手)가 될 것이다!

으으...

큰 성의 높은 망루를 본떠 만든 높을 고(高).

*Put your hands up. : 양손 올려.

손의 모습을 본떠 만든 손 수(手).

고수(高手)!

모두 두 손 높이 들어!

*Put your hands up! Put your hands up!

푸쳐 핸섭~ 예~!

와~

〈쿠키런 한자런〉에 갑자기 영어가….

고수(高手)는 실력이 높은 쿠키를 말하지.

신난다!

얼렁뚱땅 넘어가긴.

음…

역시 이건 함정(陷穽)이야!

카악

그래도 난 원시림(源始林)에 도전할래.

딸기맛 쿠키?

우리 모두 펫을 얻었잖아.

얼마나 강해졌는지 시험해 보고 싶어.

획

획

획

더욱이 옛날부터
달리기 고수(高手)들이 참가하던
경기장이라니까

한번 달려 보고
싶어!

두근

두근

어쨌든 유물 상자를 찾아
크리스탈을 얻어야 한다며?

도련님, 우리
어떻게 할까요?

물론,
참가해야지.

원시림(源始林)의 유적들을
탐험할 좋은 기회잖아!

두근

두근

배낭아, 탐험 준비!

화-악

훔치는 건 안 됩니다!!

넌 왜 계속 따라다니는 거야?

욱

버럭

웨어울프맛 쿠키.

넌 이제 바위산으로 돌아가도 좋아.

우릴 지하 감옥에서 구해 준 것만으로도 고마워.

붙잡고 싶지만 그럴 순 없어!

주룩

나도 함께 갈래.

뭐?

저번 뱀파이어 성에서 너희와 함께한 경기가 정말 재미있었거든.

또 친구들과 함께 달리고 싶어.

멋져!

지금이 포옹 기회닷!

쿠
궁

뭐지?

웨어울프맛 쿠키!

휙

이 돌다리가 경기의 출발(出發) 지점이야.

여길 밟는 순간 경기가 시작되지.

탁

탁

몰랐어!

으아아아

쿠쿠쿠쿠

원시림(源始林)이 깨어나고 있어.

떨린다!

긴장돼!

우우웅

펫들도 흥분되나 봐.

이 귀염둥이들은 뭐야?

저리 가!

화악

경기를 시작시키다니 역시 명랑한 쿠키는 용감하구나.

그럴 의도는 아니었는데….

해 지기 전, 파인애플 부족의 재단 꼭대기까지

휘이이이

도착하는 것이다!

경기 규칙은 뭐죠?

간단해!

팍

팍

어서 출발하자!

화악

펫들아, 우리에게 힘을 줘!

펫?

휙

휙

휙

쉬이이이이

뭐지? 샘솟는 힘의 기운은…?

저게 바로 펫의 효과인가?

쉬이익

다들 펫을 가졌다는 건 모두 쿠키런 경기에서 이겼단 건가?

펫 알은 붉은 용의 간식거리로만 알고 있었는데….

휙

생각보다 강(強)한 녀석들 같아.

슈우우

잘하면 경기장을
완주(完走)해서

펫 알과 유물 상자
모두를 구할 수
있을지도 몰라.

반짝

반짝

도와주는 척하다가
함정(陷穽)에
빠뜨리는 거다.

쉬이이익

클클클...

쿠키런!

달려라, 달려!

팍

파팍

팍

맞아.

두근

두근

그때의 흥분이 다시 끓어오르는구나!

크아아

으드득

두둑

털썩

털썩

내 허리~~, 늙을 로(老)~.

털썩

쯧쯔...

그 시절엔 우리 모두 젊었지.

지금은 다음 세대(世代)의 쿠키들이 싸워 주고 있으니….

그러고 보니 우리들 중 여전히 젊음을 유지하는 쿠키는 용사맛 쿠키와 불꽃정령쿠키밖에 없구만.

아마도 용(龍)이 젊음을 유지하도록 도와주는 것이겠지.

휘이이

용사맛 쿠키는 푸른 용의 꼬리 펫을 가지고 있고

불꽃정령쿠키는 붉은 용의 지배를 받고 있으니깐 말이야.

크르르

그럼 펫과 함께 용도 찾아야겠어.

홱

욕심쟁이, 버터크림 초코쿠키!

무슨 소리, 나도 젊다고.

샤방

풋

그거야, 자네가 젊어지는 샘물에 오래 빠져서 그런 거잖아.

윽ㅡ!

첨벙

첨벙

젊어지는 샘물

젊은 게 아니라
꼬마가 됐어!

으으…

풋풋풋

웃지 마!

붕

붕

이러지 말고,
어서 용사맛 쿠키를
찾으세.

쿠오오오

붉은 용과 싸울 수 있는
쿠키는 용사맛 쿠키밖에
없어.

그런데 용사맛 쿠키는
우리 말을 듣지
않을 텐데….

이미 그에게
도움을 요청했다가
거절당했어.

용사맛 쿠키는
마음의 상처를
받았다고 했네.

화르르르

붉은 용과의
싸움에서 지고

불꽃정령쿠키마저
굴뚝 마녀의 하수인(下手人)이
되었으니

얼마나
괴로웠겠나.

맞아, 잘 알고 있군.
마법사맛 쿠키!

스윽

그리고 나의 친구들!

용사맛 쿠키!

두근

척

화악

이게 얼마만이야?

반갑네!

쿠키앤크림 쿠키 할멈, 왜 얼굴이 빨개지시나~?

용암이 너무 뜨거워서 그러지!

버럭

그렇지만 나는 이렇게….

팍삭

그래도 주책없게 설레네.

샤방

할멈인 날 봐 줄 리 없는데도….

흑

쿠키앤크림 쿠키!

척척척

여전히 아름답네.
예전 그대로야.

자네
미쳤나?

누가 봐도
할멈인데!

다들
보고 싶었어.

퍽

퍼억

용사맛 쿠키!

자네는 왜 여기에 숨어 있는 건가?

쿠키왕국이 위험에 빠진 이때 용사맛 쿠키가 나서야지.

쿠오오오

나는 도망쳤어.

붉은 용을 이기는 건 불가능해.

불꽃정령쿠키마저 붉은 용에게 굴복했잖아.

孤

외로울 고

나도 싸우겠어!

시작부터 이게 뭐야? 뭐야!

軍

군사 군

奮

떨칠 분

엄마야~!

鬪

싸울 투

35장
의문의 고수 등장!

우리도 원시림으로 출발-!

척척척   척척

산 안 가면 안 될까요?

武
호반 무

器
그릇 기

대추맛 쿠키,
널 잡고
말겠어!

아, 자네는 한자는 영~ 모르지?

지금 나 무시하는 거야?

콰아아아

우아, 푸른 용이다.

크르르르

안녕!

오랜만이네!

우리와의 싸움을 기억하려나?

크르릉

지금은 귀여운 용의 꼬리 펫이 됐네.

방가

방가

아까 얘기하던 고군분투(孤軍奮鬪)가 무슨 뜻이야?

고군분투 (孤軍奮鬪)!

척

외로울 고(孤)는

오이덩굴에 오이(瓜, 오이 과→고)가 하나 있는 것처럼

아들(子, 아들 자)이 혼자 있다. 즉, '부모가 없는 고아'라는 뜻이야.

외로울 고(孤)!

군사 군(軍)은

전차(車, 수레 차)
주위를 둘러싸고
싸운다는 뜻으로
군사를 의미하지.

척

옛날엔 네 마리의 말이 끄는
전차를 중심으로 군사들이
모여 싸웠거든.

와
와아
와

군사 군(軍)!

떨칠 분(奮)은

밭(田, 밭 전)
위에서

푸드덕

새들이(隹, 새 추)
크게(大, 클 대) 날개짓하며
날아오르는 모습을
나타낸 글자야.

새가 들판에서 힘차게
날아다니는 모습은

차아아

사방에
힘을 떨치는 거
같지 않아?

파닥

파닥

떨칠 분(奮)!

싸울 투(鬪)는

두 왕(王, 임금 왕)이
창을 들고 싸우는 모습을
나타내는 말이지.

챙

챙

싸울 투(鬪)!

그래서
고군분투(孤軍奮鬪)는

하아

외로운
군대가(孤軍, 고군)

벅찬 적군을
만나

후후

온힘을 다하여
싸우는 모습(奮鬪,
분투)을 말해.

콰아아아

화르르르

지금 어린 쿠키들이
벅찬 상대인 굴뚝 마녀,
붉은 용, 불꽃정령쿠키와

응...

고군분투(孤軍奮鬪)하고
있다네.

고군분투(孤軍奮鬪)….

우리가 어린 쿠키들을 도와줘야 해.

용사맛 쿠키, 함께하지 않겠나?

붕

붕

우린 나이 들어 약해졌지만

쿠키왕국을 위해 마지막까지 싸울 각오가 되어 있네.

퍽

퍽

우리들 중에서 붉은 용과 싸워 본 쿠키는 자네뿐이야.

퍽

잠깐, 난 그런 각오 안 했어.

그리고 싸워 이길 가능성이 있는 쿠키도 자네뿐이지.

게다가 우리가 붉은 용의 열기를 견딜 수 있는 방법을 찾았어.

*이무기 : 저주에 의해 용이 되지 못하고 물속에 산다는, 여러 해 묵은 큰 구렁이.

크리스탈이란 무기(武器)가 있다고 하네.

무기(武器)?

*이무기?

이 바보!

호반 무(武)는 군사나 무술, 무인들을 통틀어 말하는 단어야.

휙

휙

휘익

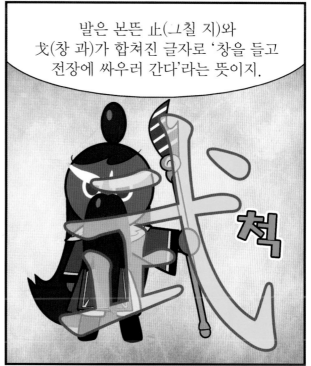

발은 본뜬 止(그칠 지)와 戈(창 과)가 합쳐진 글자로 '창을 들고 전장에 싸우러 간다'라는 뜻이지.

척

그리고 그릇 기(器)는

개(犬, 개 견)고기를 네 개의 접시에 덜어 먹는 모습을 나타낸 글자야. 그릇을 뜻하지.

즉, 무기(武器)는 전쟁에 쓰이는 모든 기구와 도구를 말하네.

기필코
그 녀석을
이기고 싶다고!

디시 붉은 용과
싸우겠어!

우리 모두
함께 싸우자!

그리고 나도
고군분투(孤軍奮鬪)하고
있는 어린 쿠키를 돕겠어!

용사맛
쿠키~♥

잘 생각했네!

으-악!

얘들아, 나
방금 물고기한테
물릴 뻔했어!

피라냐다!

강에 사는
이 물고기들은
달콤한 쿠키를
좋아하지.

콱

콰악

카악

카악

으아아

까악

카아악

펫들아,
도와줘!

하여간 일거리가 너무 많아요!

일단 뗏목부터 만들어 볼까?

팟

배닝아, 네 속에서 끈 좀 가져갈게.

화악

플라워콥터!

다다다

초코방울! 치즈방울!

찌이익

찌익

캬아아

럭키다이스!

탁

탁

멍뭉이!

멍

죄수(罪囚)들이 원시림(原始林)으로 들어갔습니다.

큰 물살에 휩쓸려 뗏목을 타고 휘익 날아갔습니다.

그렇단 말이지, 그럼…

척

우리도 따라 원시림 경기에 참가한다!

네?

난 쿠키왕국의 공주!

왕가의 명예를 걸고 도전하겠어!

척

모두 안심해! 최고의 마법사와 함께니깐!

호호호

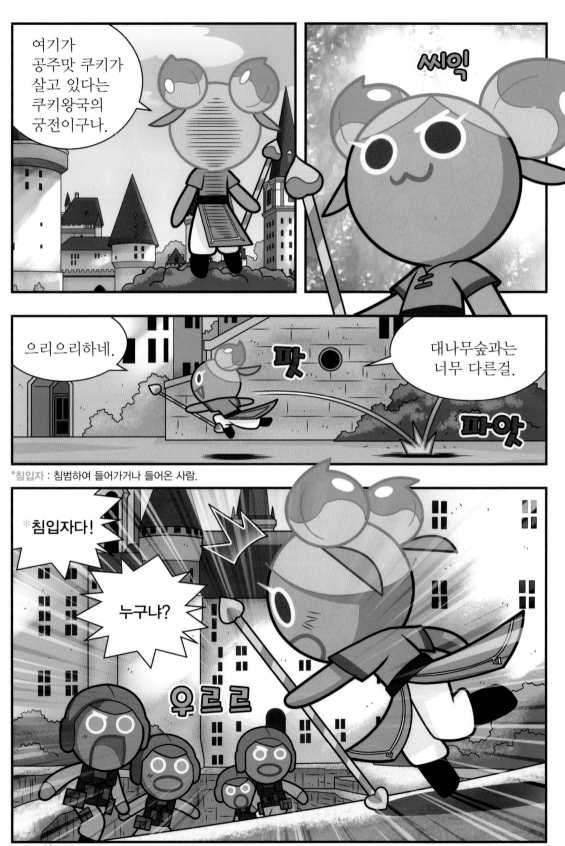

여기가 공주맛 쿠키가 살고 있다는 쿠키왕국의 궁전이구나.

씨익

으리으리하네.

팟

대나무숲과는 너무 다른걸.

파앗

*침입자 : 침범하여 들어가거나 들어온 사람.

*침입자다!

누구냐?

우르르

어머,
죄송해요.

저는 대나무숲에서
온 복숭아맛
쿠키라고 해요.

제가 여긴 처음이라
들어오면 안 되는지
몰랐어요.

음~ 달콤한
복숭아 향기~.

귀여운
쿠키네.

버럭

정신 차려!
침입자는 무조건
감옥에 가둔다!

저를 감옥에
가두다니
말도 안 되요.

제가 생긴 건
깜찍하지만…

전 누구를 찾아야 해서, 죄송해요.

대나무숲의 배신자, 내추낫 쿠키!

꼭 잡고 말 거야!

*한기 : 추운 기운.

도련님 너무 힘듭니다.

다들 괜찮아?

휴~, 겨우 살았다.

왜 갑자기 ※한기가 들지?

으으…

크으으…

부들

부들

어린 쿠키들은 무사히 원시림 경기장을 완주할 수 있을까요? 8권에서 확인하세요!

7권 한자 집중 탐구

脫

4급 | 부수 月 육달 월

벗을 **탈**, 기뻐할 **태**

★ 脫出 (탈출)
어떤 상황이나 구속 따위에서 빠져나옴.

★ 逸脫 (일탈)
빗나가고 벗어남.

獄

3급 | 부수 犭 큰 개 견, 개사슴록변

옥 **옥**

★ 脫獄 (탈옥)
죄수가 감옥을 빠져 도망함.

★ 監獄 (감옥)
형벌의 집행에 관한 사무를 맡은 관아.

始

6급 | 부수 女 여자 녀

비로소 **시**

★ 始作 (시작)
① 처음으로 함.
② 하기를 비롯함.

★ 原始林 (원시림)
사람의 손이 가지 아니한 자연 그대로의 삼림.

罪

5급 | 부수 罒 그물 망, 그물망머리

허물 **죄**

★ 罪悚 (죄송)
죄스럽고 송구스러움.

★ 罪目 (죄목)
범죄 행위의 명목.

囚

3급 | 부수 囗 에워쌀 위, 큰입구몸

가둘 **수**

★ 囚人 (수인)
옥에 갇힌 사람.

★ 罪囚 (죄수)
교도소에 수감된 죄인.

陷

3급 | 부수 阝 좌부변, 언덕 부

빠질 **함**

★ 陷落 (함락)
① 땅이 꺼져 떨어짐.
② 적의 성이나 요새 등을 공격하여 빼앗음.

★ 缺陷 (결함)
흠이 있어 완전하지 못함.

穽

1급 | 부수 穴 구멍 혈

함정 **정**

★ 陷穽 (함정)
① 짐승을 잡기 위하여 파놓은 구덩이.
② 빠져나올 수 없는 곤경이나 남을 해치기 위한 계략.

強

6급 | 부수 弓 활 궁

강할 **강**

★ 強制 (강제)
① 위력을 써서 남의 자유의사를 누르고 무리하게 행함.
② 억지로 시킴.

★ 強力 (강력)
강한 힘.

6급	부수 高 높을 고
高 높을 고	★ 高價 (고가) 비싼 값. ★ 最高 (최고) 가장 높음.

7급	부수 手 손 수
手 손 수	★ 手下 (수하) ① 손아래. ② 부하. ★ 手動 (수동) 다른 동력을 이용하지 않고 손의 힘만으로 움직임.

4급	부수 子 아들 자
孤 외로울 고	★ 孤兒 (고아) 부모 없이 홀로 된 아이. ★ 孤獨 (고독) 세상에 홀로 떨어져 있는 듯이 매우 외롭고 쓸쓸함.

8급	부수 車 수레 거
軍 군사 군	★ 軍事 (군사) 군대, 군비, 전쟁 따위와 같은 군에 관한 일. ★ 國軍 (국군) 나라 안팎의 적으로부터 나라를 보존하기 위하여 조직한 군대.

3급	부수 大 큰 대
奮 떨칠 분	★ 奮怒 (분노) 분하여 몹시 성냄. ★ 奮發 (분발) 마음과 힘을 다하여 떨쳐 일어남.

4급	부수 鬥 싸울 투
鬪 싸울 투	★ 鬪爭 (투쟁) 어떤 대상을 이기거나 극복하기 위한 싸움. ★ 鬪魂 (투혼) 끝까지 투쟁하려는 기백.

4급	부수 止 그칠 지
武 호반 무	★ 武力 (무력) ① 군사상의 힘. ② 때리거나 부수는 등의 육체를 사용한 힘. ★ 武勇 (무용) 싸움 따위에서 날쌔고 용맹스러움.

4급	부수 口 입 구
器 그릇 기	★ 器械 (기계) 연장, 연모, 그릇, 기구 따위를 통틀어 이르는 말. ★ 武器 (무기) 전쟁이나 싸움에 사용되는 기구를 통틀어 이르는 말.

★ '부수'란?　부수는 자전(옥편)에서 한자를 찾는 기준이 되는 글자로, 한자의 뜻과 연관이 있어요. 예를 들어 木(나무 목)을 부수로 쓰는 한자의 뜻은 '나무'와 연관이 있어요. 또, 부수에 해당하는 한자가 다른 글자와 만나면 모양이 조금씩 변하기도 해요. 信(믿을 신)의 亻은 人(사람 인)이 변형된 한자예요. 부수의 수는 총 214자입니다.

쿠키런 COOKIERUN

POLICE LINE   POLICE LINE   POL

명탐정 과학 상식이 나왔다!

NEW

쿠키런 명탐정 과학 상식

각 권 값 9,800원

미스터리한 범죄의 비밀을
과학으로 명쾌히 해결하다!

과학 탐정이 되어 보는 신나는 시간!

한정판
특별부록

나도 명탐정!
미니 탐정 퀴즈북

과학으
사건을
풀어 주

출간기념
이벤트
릴레이 퀴즈 풀고
인형 받자!
170쪽
참고
30명
응모 기간 : ~17년 1월 25일까지

해외 레어템 쿠키런 상품
타기 대잔치!!
171쪽
참고
77명
응모 기간 : ~17년 1월 20일까지

◎ 베스트셀러 과학학습만화 〈쿠키런 펀펀 상식〉 시리즈

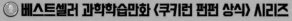

⑰ 개그 과학 상식
⑱ 불가사의 과학 상식
⑲ 엉뚱 과학 상식
⑳ 추리수사 과학 상식
㉑ 폭소 과학 상식
㉒ 오싹 공포 과학 상식
㉓ 별난 우주 과학 상식
⑭ 신통방통 과학 상식
⑮ 구리구리 과학 상식
⑯ 깜짝마술 과학 상식
⑱ 황당 과학 상식
⑲ 반짝 미래 과학 상식
⑳ 독한 과학 상식
㉑ 엽기 과학 상식
㉒ 명탐정 과학 상식

쿠키런 펀펀
상식 시리즈는
계속됩니다.
쭈욱~!

© 2016 Devsisters Corp. All Rights Reserved.

구입문의 : 02)7910-750(출판영업) **서울문화사**

신화 속 인물로 재탄생한 메이플 캐릭터들의 영웅서사시!

〈신들의 계보〉가 돌아왔다!

BEST

지하세계에 타르타로스를 정복하는자, 신국의 주인이 되리라!

그리스·로마 신화로 만나는 코믹 메이플스토리

각 권 값 9,800원 서울문화사

대출간

인기 크리에이터! 문방구TV
첫 시리즈 탄생!

18가지 / 꿀잼 유형 / 상식까지 / 한 번에!

시바견   새싹이   토끼야   문방구

"방구 아재 문방구 TV"가 보여 주는 별별 친구 유형과 웃음 핵폭탄!

1 생활 속 상황, 공감 100% 영상툰으로 재미 UP!

2 공감 유형 만화 보고, 나와 친구의 유형까지 체크!

3 생활 상식 공유하며, 똑똑함도 챙겨 가기!

문방구TV 친구대탐구 1권 독자를 위한 초판 한정 부록 2종 구성!

나와 친구의 유형을 탐구해 보자!
유형 체크 카드

부록 1
나와 친구의 유형을 탐구하자!
〈유형 체크 카드〉

부록 2 초판 한정
문방구TV 채널구독자 추천!
〈문방구 캐릭터 스티커〉

문방구 TV 친구대탐구 1권은 이렇게 구성되어 있다!

 # 생활 공감툰

 # 상상 공감툰

 # 핵꿀잼 상식

 # 재밌는 놀이

값 12,000원 구입 문의 : 02)791-0754 서울문화사